LE KHÉDIVE

D'ÉGYPTE

LE KHÉDIVE
D'ÉGYPTE

PAR

HENRI GUILLAUMOT

PAU

IMPRIMERIE ET LITHOGRAPHIE VERONESE

RUE DES CORDELIERS, IMPASSE LA FOI

— 1869 —

LE KHÉDIVE D'ÉGYPTE

I

Il n'est pas de pays plus riche que l'Egypte. On le dit avec raison le grenier de l'Europe. Ce ne serait rien exagérer que de l'appeler le paradis du monde. Rien d'original comme ce cosmopolisme. Rien de charmant comme cette foule bigarrée de Cophtes, d'Arabes, de Nègres, d'Abyssiniens, de Juifs, de Musulmans, de Grecs, de Français, d'Italiens, etc.

Quiconque a visité une fois la terre des Pharaons aime à la revoir.

D'ailleurs, la vapeur nous a rendus si confiants qu'on n'hésite plus aujourd'hui à s'acheter le plaisir d'une exploration au Caire Depuis quelques années, les paquebots transportent une immense quantité de voyageurs séduits par les récits des touristes. Personne ne revient désenchanté, ni l'archéologue qui a trouvé de quoi charger ses cahiers de notes, ni le philosophe que les ouvrages de nos pères ont émerveillé, ni même le froid anglais épargné par le spleen tout le temps du voyage.

En vain s'embarque-t-on prévenu contre l'Egypte, nul ne résiste en face de ces séductions, car la réalité dépasse de beaucoup tous les tableaux qu'on peut tracer de cette magnifique contrée.

Lorsqu'après six jours de traversée on approche d'Alexandrie, on se sent raffraichi comme par un air embaumé.

C'est la température qui change. L'atmosphère devient suave et délicieux.

Plus de ces gaz qu'exhale Marseille. Plus de cette odeur nauséabonde. Une transformation s'est accomplie. Voici l'Egypte.

Bientôt imperceptibles se dessinent à l'horizon les côtes de la mer. On aperçoit peu à peu la tour du marabout, la colonne de Pompée et les dômes des minarets. Au dessus de tous ces édifices, fier et droit, s'élève le phare, un des plus beaux du monde. Puis à mesure que le vaisseau s'avance, une forêt de mâts échevelés. De prime abord on croirait qu'il est impossible de trouver place au milieu de cette multitude de barques, de vaisseaux qui gisent pêle-mêle dans le grand port, mais une fois entré, l'espace s'agrandit comme par enchantement, et chacun se rassure étonné, tout en contemplant cette immense rade qui rivalise avec les plus larges de l'Europe.

Alexandrie, dont nous ne donnons qu'une courte description, est regardée comme la clef de l'Egypte.

Les monuments les plus célèbres sont : deux obélisques connues sous le nom d'Aiguilles de Cléopâtre, l'Arsenal qui contient une énorme quantité de munitions, les palais et les mosquées.

Plus avant, dans l'intérieur de l'Egypte, vient ensuite le Caire, capitale du royaume.

Qui n'a pas vu le Caire, dit un des personnages des *Mille et une Nuits*, n'a rien vu. Son sol est d'or, son ciel est un prodige. Et comment en serait-il autrement, puisque le Caire est la capitale du monde? La part faite à l'hyperbole orientale, il faut reconnaître, avec tous les voyageurs qui ont visité cette ville, qu'elle est une des plus pittoresques du monde, et des cités de l'Est celle qui offre peut-être le cachet le plus franchement oriental.

Qu'y a-t-il de plus gai que le spectacle de la foule dans les rues du Caire. Au milieu de la populace, des ânes couverts de housse rouge galopent en tous sens emportant l'arabe grave et silencieux, le levantin élégant, la femme mystérieuse entourée d'esclaves, précédée d'un coureur et de domestiques, l'Européen honteux de ses longues jambes pendantes. D'innombrables chiens vont et viennent ou sont couchés sur la voie sans qu'on leur fasse le moindre mal. Des troupeaux de moutons serpentent dans la foule, des chameaux, conduits par l'arabe du désert, marchent gravement. Ils posent avec maladresse leurs pieds mous sur le sol Ils font entendre un grognement et ruminent. Des fellahs à pied en robes bleues, chargés d'outres monstrueuses, vendent à boire et arrosent les rues. Des derviches, leurs hauts bonnets pointus sur la tête, des cophtes sombres et taciturnes, vont à leurs affaires. Des femmes du peuple enveloppées dans des pièces de coton bleu portent à cheval un enfant sur les épaules. Les marchands assis nonchalamment fument leurs chibouques. Les barbiers savonnent les têtes nues et rasées. On court, on s'agite, on crie : Guarda! guarda! (1)

L'animation des cités égyptiennes diffère beaucoup du tumulte de nos villes cités. Ici point de fiacre, point de landaus, point de petits crevés s'achevant sur leurs coursiers, rien qu'un bruit perpétuel qu'égayent par instants ces cris particuliers à chaque peuple. Des femmes portant leurs nourrissons au lieu de bébés traînés dans de mignonnes calèches, des ânes au lieu de voitures, le goût du dubeque et de l'encens au lieu de la poussière et des exhalaisons parisiennes.

(1) Gare à vous. — Voir de Fontpertuis et Mme de Robersant.

C'est au Caire que réside le Khédive. Son palais est un des plus beaux types de l'architecture orientale. Tous les voyageurs l'ont visité et en ont fait mention dans leurs ouvrages. Nous allons raconter sommairement la vie de son hôte illustre, tout en demandant pardon au lecteur d'être incomplet, et en espérant qu'il nous pardonnera ce défaut fort compatible avec la thèse que nous soutenons.

II

LE KHÉDIVE

Le Khédive (1) est fils d'Ibrahim-Pacha. Il succéda à Saïd-Pacha qui, selon la loi, était monté sur le trône comme aîné de la famille à la mort d'Abas-Pacha.

Depuis l'avènement du Khédive un grand changement a eu lieu. Celui-ci a obtenu l'hérédité de la souveraineté. Immense pas destiné à produire d'efficaces résultats.

Quel intérêt en effet pour les rois de rechercher la prospérité du royaume quand, à leur mort, des étrangers, souvent des ennemis, venaient prendre la direction de l'Etat ? Aussi l'histoire ancienne ne nous montre-t-elle ces rois que comme des tyrans, peu soucieux de leurs intérêts, occupés seulement à satisfaire leurs instincts et à surcharger les peuples d'impôts.

Aujourd'hui, au contraire, la transmission du pouvoir dans la famille d'Ismaël étant érigée en droit, il s'opère une transformation totale. Plus que jamais le Khédive doit s'efforcer d'améliorer la position de son peuple, afin que plus tard une sage gestion porte ses fruits.

Il en est de même d'un roi avec ses sujets que d'un chef de

(1) Mot d'origine Persane, signifiant chef d'Etat.

famille avec ses descendants. Si ce chef ou ce père n'a nuls successeurs de sang, pourquoi rempliraient-ils leurs caisses d'un argent destiné à des mains inconnues? Pourquoi sans nul objectif se préoccuperaient-ils tant de la chose publique?

Lorsque, par le fait de l'hérédité, le sceptre repose dans la même famille, il est de l'intérêt du père comme de l'enfant de travailler au bonheur de tous.

C'est ainsi que pendant son absence, le fils aîné du roi dirige l'Egypte, s'exerçant d'avance sur l'héritage que l'avenir lui réserve.

Outre le régent, le Khédive a trois autres fils. L'un achève son éducation à Paris sous la main du général Fleury; l'autre est élevé en Angleterre, et le troisième, charmant enfant de huit ans, accompagne son père dans ses pérégrinations.

Le Khédive a une figure très sympathique, un regard plein de douceur et de bienveillance. Il faut le croire doué d'une forte constitution, car à peine s'il ressent quelque fatigue de ses longs voyages.

On ne connaît guère de plus habile tacticien que lui. Il fouille sans cesse à travers les placers de la civilisation, prenant tout ce qui est grand et utile. C'est un esprit manié de souplesse, avide de progrès, s'essayant à tout, se renseignant sur tout, et demandant sans cesse à l'Europe ce que chaque jour elle produit de nouveau. On aime à enregistrer dans les annales de l'histoire cette émulation d'un roi qui veut élever sa nation au rang des grands empires. C'est à croire que le Khédive a adopté cet aphorisme : « Il n'est point de si bel ouvrage que celui où a passé l'œil du maître ». Rien ne se fait sans son contrôle. Aussi nos ingénieurs rendent hommage à ses fines appréciations. Qu'il est beau d'entendre un roi humoriste là-bas sur l'ancienne terre du despotisme oriental!

Avec le Khédive point de favoritisme. Chrétiens, juifs, protestants, prolétaires ou patriciens sont également admis à le servir, s'ils ont des aptitudes. Quiconque peut rendre des services est reçu. Voilà l'unique méthode pour former de bons administrateurs. Personne ne fait tapisserie, chacun a son travail affecté. De la sorte, on ne rencontre pas de ces hommes qui pour tout bagage possèdent une particule nobiliaire. Comme chacun est doué de talents, il arrive que la cour présente le spectacle le plus gai. Il n'y a pas d'adulateurs, parce que l'entourage ne se compose que de gens instruits qui peuvent se créer de belles positions au moyen de leurs qualités personnelles.

En ce qui concerne les questions religieuses, il est de notre devoir de remercier le Khédive pour la protection qu'il veut bien accorder à nos frères. Son urbanité est trop connue d'ailleurs pour qu'on la mette en doute Partout s'élèvent les hôpitaux tenus par les sœurs de charité et les écoles que dirigent les frères de la doctrine chrétienne. En nulle autre contrée qu'en Egypte le catholicisme n'a aussi libre cours, les religieuses autant de protections, les missionnaires autant d'appuis.

L'état lui-même envoie des élèves aux écoles catholiques, affichant par là moins de stupidité que nos libres-penseurs, aux yeux desquels religion signifie fanatisme, éducation chrétienne, intolérance, enseignement clérical, duperie.

En plaçant ces enfants entre les mains de tels précepteurs, le Khédive en fera des citoyens fidèles à leur patrie, à leur Dieu, à leur roi.

Ce n'est pas seulement à l'enseignement des hommes que se borne la sollicitude du Khédive. Par ses soins s'ouvrent de nombreuses écoles de filles. Là celles-ci recevront l'instruction nécessaire à les tirer de cet ilotisme dans lequel elles étaient tombées depuis si longtemps.

C'est une tâche ardue que l'éducation de la femme égyptienne. Elle est d'autant plus noble qu'elle présente plus d'aspérités. Grâce au zéle du Khédivé, grâce aussi au concours des sœurs catholiques, nous aurons d'ici à peu de temps des femmes appelées à jouir des mêmes droits que les femmes européennes.

III

TRANSFORMATION DES VILLES.

La capitale de l'Egypte est aujourd'hui complétement transformée. Le nouveau Caire présente un aspect magnifique. L'ancienne rue étroite et tortueuse a fait place à la voie large et aérée. On circule plus librement, on respire, on est à l'aise. De longs boulevards, plantés d'arbres exotiques, donnent à la ville un air de gaieté qu'elle ne possédait pas.

Celui qui a vu jadis la place d'Esbekie ne pourrait la reconnaitre aujourd'hui, tant elle a subi de changements. C'est à rendre malade M. Haussmann. Les fontaines surgissent. Le gaz se propage. Les kiosques se construisent. On bâtit théâtres, opéras, casino, cafés chantants, c'est là que le voyageur pourra entendre la musique française et la musique égyptienne.

Quant à la cour du Khédive, elle présente le même aspect que nos palais impériaux. Ce qu'il y a de pittoresque et qu'on ne rencontre point ailleurs, c'est cet assemblage de domestiques appartenant à tous les pays.

Ainsi les palefreniers sont anglais, les jockeys irlandais, les garçons employés aux écuries de poste français. Chacun dirigeant les travaux qui lui sont familiers, il en résulte que tout se coordonne, s'harmonise comme par enchantement.

Dans les environs du Caire on rencontre, comme autour de Paris, les résidences d'été du Vice-roi. Nous ne dirons rien de ces palais dont le merveilleux dépasse la compréhension.

Tel est en deux mots le Khédive. Telles sont les améliorations qu'il a provoquées, les changements qu'il a conçus.

Inutile de faire appel au lyrisme pour vanter cette administration sage et loyale. Quelle plus belle preuve en est que ce calme actuel de l'Egypte ?

Trouverait-on en Europe un roi qui ose voyager aussi longtemps sans appréhensions, fort et confiant en ses sujets, ne craignant ni l'éclair du poignard, ni les menées de la révolution.

C'est bien le cas de dire : Le *bonheur des peuples procède du bonheur des rois.*

IV

AGRICULTURE. — LES FELLAHS.

Grand amateur d'agriculture, le Khédive possède une quantité immense de fermes et plus de cinq cent mille hectares de terres labourables.

Pour expliquer avec netteté cette végétation de l'Egypte phénoménale à nos yeux, nous allons tracer un rapide tableau de la vie des Fellahs et des moyens que leur offre la nature.

Le peuple se divise en deux classes bien distinctes. Le paysan ou fellah et l'ouvrier de la ville.

Les premiers habitent les villages de l'Egypte. Ce sont eux qui cultivent les champs, ou pour mieux m'exprimer, qui fouillent les trésors que recèle cette terre d'une incroyable fertilité.

On recule étonné devant les richesses amoncelées dans ces plaines. A chaque pas de nouvelles découvertes. A chaque instant de nouvelles surprises. Ici les rizières, là les champs de maïs. Plus loin le coton, le dourah, le sésame, le lin. La culture est si facile. Une fois que le Nil s'est retiré, on sème les champs et quelques mois après, cette terre, toute d'alluvion, a déjà produit. Voici d'après nos informations quel est le rendement du coton et de la canne à sucre.

Le coton donne cinq quintaux par fedan (1) et la canne à sucre six quintaux.

Pendant la guerre d'Amérique tous les achats de coton se firent en Egypte. On en exporte en moyenne deux cent mille balles par année.

Les terres ne se reposent jamais. Le blé succède au trèfle, le froment, à l'orge, aux fèves. Chaque mois on voit à la fois des semences et des récoltes. Le fellah ne craint pour ses moissons ni la grêle, ni la sécheresse, ni la trop grande abondance de pluies. La disette ou la richesse de l'année ne dépend que des crues du Nil.

En général les campagnes du Delta sont peu boisées. De rares plantations se font remarquer autour des villages. On y voit l'atlé, le sycomore, le casier, le mimosa à la fleur jaune, le bénier à la feuille déliée. Partout on rencontre l'oranger, le citronnier, le myrte, tous ces arbres qu'on ne retrouve chez nous que dans les jardins du riche (2).

Une végétation aussi vivace est bien faite pour attirer les Européens. Avant quelques années, souhaitons-le, l'Egypte et la France seront sœurs et se donneront la main au-dessus des mers.

Il est du reste si bon le caractère de l'Egyptien qu'on ne peut résister au plaisir de l'entendre, de le fréquenter.

Depuis le Khédive qui met avec la plus grande courtoisie son palais à notre service, tous pratiquent l'hospitalité la plus large et la plus généreuse.

Combien y a-t-il de Français qui agissent de la sorte ? Chez

(1) Mesure un peu moins forte que l'hectare.
(2) Voir Michaud et Poujoulat.

nous, je rougis de le dire, l'égoïsme a tué cette pratique de nos pères. Si, en Egypte, l'étranger est accueilli avec joie, aux yeux du Français il passe pour un intrus... quand il n'a pas d'argent.

Nous sommes tellement pris de mercantilisme que notre cœur ne parait plus battre que pour l'or. Donnez-moi de l'argent, dit le français, et je soulèverai le monde. Triste devise! surtout quand des hommes que nous ne regardons que du haut de notre superbe, nous rappellent aux règles de l'Evangile.

Il faut avoir passé dans les fermes du Vice-Roi pour comprendre le caractère franc des fellahs.

On sait que ces établissements sont tenus avec la plus minutieuse attention. C'est là qu'ont lieu les essais des machines. Depuis la grande épizootie de 1865, on a importé nombre de charrues à vapeur d'invention récente qui ont pu remplacer avantageusement les bêtes de labour. L'Egypte offre un vaste champ d'opérations aux inventeurs à cause de l'immense étendue des propriétés qu'on ne morcelle point. Le sol plat et régulier se prête naturellement à ce système.

V

LE PEUPLE DES VILLES

Dans les villes le même peuple vit des mêmes industries que les ouvriers des cités françaises. A part quelques professions locales, telles que celles d'ânier et de chamellier, on exerce tous les métiers connus dans notre pays.

Le Juif, comme partout ailleurs, a conservé ses habitudes de lucre et d'usure. Race infatigable, elle réunit tout le monopole de la monnaie, prêtant à la semaine quand elle a peu, couvrant à elle seule les gros emprunts quand ses caisses regorgent. A côté des Juifs se trouvent les Arméniens, gens industrieux, habiles en tout genre de travail. Les Cophtes, anciens catholiques, aujourd'hui ariens, ressemblent fort aux puritains d'Angleterre. Moins laborieux que leurs voisins, ils sont, en revanche, d'une patience à toute épreuve.

Ce mélange d'hommes, de sectes et de nations différentes, n'a jamais donné lieu à la moindre discussion. C'est chose étonnante aux yeux du Français habitué aux polémiques religieuses, aux haines de parti qui portent chaque jour la division dans les cœurs.

VI

DE LA LANGUE ÉGYPTIENNE

Nous avons décrit les mœurs du peuple, parlons maintenant de la langue.

L'histoire et l'anthropologie semblent assigner aux Égyptiens une origine complexe. La grande invasion des Aryas paraît avoir exercé une influence considérable sur la façon dont se peupla l'Afrique nord-orientale. En Egypte, les castes paraissent n'avoir été que le résultat de la superposition de diverses souches successives de conquérants, comme le remarque M. Eusèbe de Salles.

Les naturalistes reconnaissent au crâne égyptien proprement dit la plus grande conformité avec le caucasique. Morton fait du premier l'intermédiaire entre l'européen et le sémite, comme Lepsius voit dans la langue cophte l'anneau qui relie la famille des idiomes mitiques à celle des Indo-Européens, coïncidence fort digne d'attention et qui n'a peut-être pas été assez remarquée. Sur cent têtes de momies, le craniologue américain a constaté que la plupart étaient conformes au type grec le plus pur. Si, comme on le prétend, l'Etiopie fut le berceau de la civilisation égyptienne, la langue serait issue d'un croisement de la langue sanscrite et hébraïque, de ce même lien qui unit la langue indo-européenne à la langue sémitique. Au reste, il est très difficile d'établir les faits pour qu'un classement définitif puisse être opéré.

Un voile trop obscur couvre l'époque des migrations pour qu'on puisse poser comme certains des principes bâtis sur des hypothèses.

On doit aussi rattacher à cette langue les dialectes berbères, en particulier le tibbou, frère du Kanoris du Bornou (1).

La langue égyptienne qui se parle de nos jours est quelque peu gutturale. Riche en euphémismes elle a une quantité de locutions pour exprimer la même pensée. En voici un exemple.

On dit :

En France,	En Egypte,
Une piastre,	Irch,
Deux piastres,	Irchaïm,
Trois piastres,	Telata Grouch.

et ainsi de suite jusqu'au nombre dix.

(1) Voir Lucien Dubois, et lire Champollion, Lenormant, de Rougé, l'abbé Rosellini.

VII

DE LA POÉSIE.

La poésie orientale participe beaucoup de la poétique italienne. Il y a une sorte de fluidité harmonieuse dans l'expression. La prose est une véritable musique languissante et harmonieuse.

Nous pouvons en juger par les *Mille et une Nuits*. Quelles hyperboles délicieuses! Quelle parure dans le sentiment! Comme la pensée a du relief et du contour! La langue orientale est d'une richesse telle que nous trouvons à peine des expressions pour la traduire fidèlement.

Jamais l'Egyptien ne rend sa pensée en quelques mots. Il lui faut l'envelopper de réticences, l'habiller de pourpre comme s'il avait honte de la présenter nue. Cependant ne croyons pas que le style oriental soit fait de rallonges. C'est l'essence de cette langue de ne montrer l'idée que sous une forme gracieuse. Point de brutalités, point d'oripeaux, point de caho. Si certains côtés pêchent par l'emphase, il faut avouer que le tout est d'un enlevé, d'une fraîcheur étonnante.

Un sentiment de pitié remplace la forme ironique Au lieu du

brocard une moue dédaigneuse. Ceci produit parfois l'exagération, lorsque l'écrivain veut frapper outre mesure l'esprit du lecteur.

Chose digne de remarque c'est que les caprices, les bluettes qui chez nous ne voilent que des insanités, cachent toujours chez l'Egyptien une idée morale.

Quand ce sont les soupirs de l'élégie, les mots de rose, lune, zéphyr, amour, pureté reviennent à tout moment. Le poète répand son âme. Il ouvre son cœur, parlant à la coupole des cieux, chantant les louanges de Dieu, et célébrant les yeux d'or de sa fiancée.

Il en est de même de la musique que de la prose. Elle se ressent de ce sentimentalisme qui plane au dessus de toutes les productions littéraires.

Le chant national lui-même se rapproche beaucoup de la barcarolle. Ce ne sont que coulés crescendo et decrescendo, s'achevant voluptueusement comme la danse des almées.

Une naïve émotion, tel est le signe caractéristique de la poésie orientale.

Il y a peu d'aperçus nouveaux, peu de vues originales, mais en revanche, tous ces effarements de la pudeur sont exquis dans leur allanguissement.

Inutile de dire que la pochade et la cascade n'ont encore pas fait invasion en Egypte.

D'ailleurs un progrès en ce genre n'est pas désirable, car ce n'est pas un progrès.

VIII

L'IMPOT. — LES MONNAIES.

Je ne puis terminer ce petit travail sans faire une digression sur l'impôt et la propriété foncière.

L'impôt se paie la plupart du temps en argent. Voici quelles sont les monnaies du pays :

Le para qui vaut 9,065 millièmes de centimes.

La demi-piastre 13 centimes.

La piastre qui vaut 25 centimes et la piastre courante dont le taux est variable. Il faut 77 piastres de la monnaie tarif pour faire un Napoléon.

Le quart de guinée 25 piastres.

La demi-guinée 50 piastres.

La guinée égyptienne 100 piastres.

Outre ces pièces on reçoit sur le marché toutes les monnaies étrangères.

L'impôt se perçoit sur la propriété qui rapporte et non sur les terres à défricher. Le palmier à cause de son rapport lucratif paie une redevance. On en compte une quantité énorme évaluée à cinq millions de pieds depuis Siennes jusqu'à Alexandrie. Une particularité qu'ont notée peu de voyageurs s'applique à ces arbres. Lorsque dans un groupe de plusieurs pieds il ne se trouve pas de palmier mâle, les palmiers femelles ne produisent pas. Aussi, comme récompense, le palmier mâle est-il exempt d'impôts.

IX

ADMINISTRATION INTÉRIEURE.

Ce sont les percepteurs qui font rentrer au fisc les impôts. Chaque village a un maire qui porte le nom de Cheik-el-Badel. Celui-ci a action directe sur les fellahs.

Il répond du paiement des impôts, juge les démêlés des citoyens entre eux. Il doit veiller à ce que les ordres du gouvernement s'accomplissent. C'est le maire et le juge tout à la fois indépendamment du cadi qui a voix prépondérante. Ces maires, cadis et percepteurs dépendent du préfet qui, à son tour, fait exécuter les décrets du conseil, entretenir les canaux, les digues, les ponts et les routes.

Les Moudyrs sont Turcs et les Cheik-el-belch indigènes.

Dans l'intérieur des villes, la police est organisée sur le même pied qu'en France.

Les agents qui portent le nom de Kavaas parcourent les rues pendant la nuit, de même qu'à Paris, veillant à l'ordre, arrêtant les ivrognes et faisant jouir des bienfaits du violon tous ceux qui troublent le repos public.

X.

SUEZ.

Suez! Un nom qui retentira longtemps dans les siècles. Le zèle du Khédive a fait de ce hameau une ville destinée au plus brillant avenir. Autrefois pauvres, les habitants nagent aujourd'hui dans l'opulence. Une ville mise au monde, une nouvelle source de prospérité pour l'Europe. Telles sont les conséquences de ce grand œuvre.

La postérité rendra hommage au Khédive, de son zèle pour un travail profitable à tous.

Son nom restera à Suez aimé des hommes auquel il a ouvert le chemin de la fortune, en Europe vénéré par tous le Etats qui trouvent dans ce percement d'une lange immense de terre, un sujet d'accroissement pour leur industrie. Comme catholiques et comme citoyens nous lui devrons une reconnaissance éternelle, car tout en favorisant notre commerce, il diminue les dangers de nos missionnaires et leur permet de franchir en quelques jours une distance qu'ils ont hâte de traverser.

Alexandrie et le Caire présenteront, pendant l'hiver prochain, un spectacle très animé.

Dans deux mois ce sera déjà le rendez-vous de tous ceux qui aiment les projets grandioses.

L'ouverture du Canal aura lieu en novembre. Y assisteront la plupart des souverains de l'Europe ou leurs représentants. Quelle plus belle fête que ce baiser de deux mers, que cette consécration d'une œuvre dont tous doutèrent, excepté les deux initiateurs, le Khédive et M. de Lesseps.

TABLE DES MATIÈRES

		PAGES.
II.	Le Khédive	9
III.	Transformation des villes	13
IV.	Agriculture. — Les Fellahs	15
V.	Le peuple des villes	19
VI.	De la langue égyptienne	21
VII.	De la poésie	23
VIII.	L'Impôt. — Les Monnaies	25
IX.	Administration intérieure	27
X.	Suez	29

www.ingramcontent.com/pod-product-compliance
Lightning Source LLC
Chambersburg PA
CBHW060917050426
42453CB00010B/1772